AF691538

# लम्हे मन के...

Dr. Nisreen Husain

BookLeaf Publishing
India | USA | UK

Copyright © Dr. Nisreen Husain
All Rights Reserved.

This book has been self-published with all reasonable efforts taken to make the material error-free by the author. No part of this book shall be used, reproduced in any manner whatsoever without written permission from the author, except in the case of brief quotations embodied in critical articles and reviews.

The Author of this book is solely responsible and liable for its content including but not limited to the views, representations, descriptions, statements, information, opinions, and references ["Content"]. The Content of this book shall not constitute or be construed or deemed to reflect the opinion or expression of the Publisher or Editor. Neither the Publisher nor Editor endorse or approve the Content of this book or guarantee the reliability, accuracy, or completeness of the Content published herein and do not make any representations or warranties of any kind, express or implied, including but not limited to the implied warranties of merchantability, fitness for a particular purpose.

The Publisher and Editor shall not be liable whatsoever...

Made with ❤ on the BookLeaf Publishing Platform
www.bookleafpub.in
www.bookleafpub.com

# Dedication

उन सारे लम्हों को जो मुझे कुछ रचनात्मक लिखने के लिए प्रेरित करते हैं और खुद से खुद की पहचान करवाते हैं ....
मेरे हमसफर जो हर पल मुझे लिखने के लिए प्रोत्साहित करते हैं...
मेरी आंखों के तारे जो हर वक्त मुझे खुश रहना सिखाते हैं और प्रेरणा स्रोत बने रहते हैं...

# Preface

काव्य संसार आकाश सा विशाल और समुद्र सा गहरा है, जो भावनाओं और शब्दों के अनोखे समागम को अंकित करता है. ये बिल्कुल वैसे ही है जैसे जीवन के विविध रंगों से किसी कोरे कैनवास को चित्रित करना, और एहसासों को पंक्तियों में ढाल कर जीवंत करना. यह कविता संग्रह ' ' *लम्हें मन के*', उसी समृद्ध परंपरा का एक छोटा सा हिस्सा है, जिसमें कवि की संवेदनाएं, अनुभव और कल्पनाएं लोगों के समक्ष एक चित्रपट के रूप में चलती है.

इस संग्रह में संकलित कविताएं जीवन के अनेक आयामों को स्पर्श करती है, तथा प्रेम, प्रकृति और मानवीय भावों को सकारात्मक व सरल रूप से प्रतिबिम्बित भी करती है. प्रत्येक कविता एक कहानी कहती है जो अपनी कोमल शैली से हृदय को झंकृत करने का प्रयास करती है. इस संग्रह का उद्देश्य कविता को सरल भाषा एवं प्रेरणादायक रूप में नई पीढ़ी तक पहुंचना है ताकि वे इससे भाषा का वैभव और मनोभाव की मधुरता से परिचित हो सके.

अपनी इस कृति को अपने जज़्बात और जज़्बे की सुंदर रचना के रूप में आप के हाथों तक पहुंचने में अपार हर्ष है, तथा हर व्यक्ति को अपनी बात सहजता, स्वतंत्रता और सुदृढ़ता से व्यक्त करने का एक अनोखा संकेत है.

# Acknowledgements

आभार की लड़ी में सबसे पहले मैं अपने घर के उस कोने और अपनी डायरी के उन पन्नों के प्रति कृतज्ञ हूं जहां मुझे अपनी भावनाओं और विचारों को आकार देने के लिए सुकून मिला.

धन्यवाद मन के हर एक कतरे से उन लम्हों का जो मेरी रचनात्मक उड़ान को पंख देते रहे.

शुक्रगुज़ार उन सब का जिन्होंने मुझे अपने भावों को शब्दों में ढालने के लिए प्रोत्साहित किया.

प्रकृति और परिस्थिति के हर स्रोत का शुक्रिया जो मेरी रचनाओं के लिए प्रेरक बने.

मेरी काव्य यात्रा में आप सभी पाठकों का हृदय से आभार जिन्होंने मेरी कविताओं के मोल को बढ़ाया.

मेरे प्रकाशक *"bookleafpublishing"* का विशेष आभार,जिन्होंने मेरी रचनाओं को एक सुंदर कृति के रूप में प्रस्तुत किया.

# 1. चलो कुछ ऐसा करते हैं...

चलो अब कुछ
ऐसा करते हैं,
हवा का रुख
ज़रा बदलते हैं,
"सही" और "क्या नहीं"
के पिंजरे से
कुछ हसरतें
आज़ाद करते हैं...

बारिश के मौसम
का ज़रा लुत्फ़
उठाते हैं,
किसी की उम्मीद
का एक बीज
बन जाते हैं,
रिमझिम बौछारों में
चलो ख्वाबों को
भिगोते हैं,
ख्वाहिशों के
आसमां से
खुशी का एक
बादल चुराते है...

दिल के रिश्तों
की एक बस्ती
बसातें हैं,
एक क़तरा
मुस्कान से
घरों को रौशन
करते हैं,
आँसू छलके तो
मोती बन जाएं
ज़ख्मों का ऐसा
मरहम बन जाते हैं...

कल क्या था
कल क्या होगा
इस उलझन से परे,
आज में ही
अपना आज
ढूंढते हैं,
क्यों कब कैसे
के सवालों से परे,
'अब' और 'अभी'
में ही हर जवाब
खोजते हैं...

# 2. आज सुबह नहीं हुई...

आज सुबह नहीं हुई...
रात वही थी
वक्त से ढल गई,
फिर भी
आज सुबह नहीं हुई ...

तकिये की सिलवटें
बरकरार रही,
नींद भी एक
करवट ही आई,
ख्वाबों की
बारिश भी हुई,
जगते ही आँखें
भी मुसकुराई,
फिर भी
आज सुबह नहीं हुई ...

आफताब की तपिश से
दिन ने रोशनी पाई,
मेहताब ने भी,
चुपके से ली विदाई,
पंछियो ने

ताल छेड़ी,
इठलाती रही
मस्त पुरवाई,
फिर भी
आज सुबह नहीं हुई ...

पल-पल हर पल
फिसलता रहा,
शाम की आग़ोश में
पिघलता रहा,
एक और रात हुई
शमा भी जल गई,
फिर भी
आज सुबह नहीं हुई ...

सांस वही थी
सब हसीन था,
बस एक आवाज़
नहीं सुनी,
रुह पर दे दस्तक
ऐसी हलचल नहीं हुई,
ज़िन्दगी को दे
कोई नया मकसद
ऐसी सहर नहीं हुई,
बस इसिलिए
आज सुबह नहीं हुई ...

# 3. मैं भी लिखती हूँ...

मैं लिखती हूँ,
मैं भी लिखती हूँ,
कलम और स्याही से
एक गहरा रिश्ता रखती हूँ,
अल्फाज़ो के साथ
सफर करती हूँ,
बस यूं ही साथ
मैं भी चलती हूँ ...
मैं भी लिखती हूँ।

मुख्तसर सा कुछ
लिख कर पढ़ती हूँ,
तो कभी लिख कर
मिटाती हूँ,
नूख्तों और हिज्जे पर
थोड़ा ठहरती हूँ,
फिर आगे बढ़ने
को मचलती हूँ ...
मैं भी लिखती हूँ।

जुमलों की भीड़ में
खुद को ढूंढती हूँ,
पन्नों की सरसराहट में,
खुद को सुनती हूँ ...

मैं भी लिखती हूँ।

उनवान से तफसीर तक
लफ्जों को सजाती हूँ,
जज़्बात-ए-तार्रुफ़ से
क़िरदारों को बुनती हूँ ...
मैं भी लिखती हूँ।

कहीं अश्क की बूंदों में
तो कहीं फैली स्याही में
इक समंदर ढूंढती हूँ,
कभी तहरीर की अदा पर
खिलखिलाती हूँ ...
मैं भी लिखती हूँ।

सफे दर सफे इक
नई कहानी तराशती हूँ,
हर लम्हे को
अन्जाम से पहले
जी लेती हूँ ...
मैं लिखती हूँ...
मैं भी लिखती हूँ...।

# 4. तलाशती हूँ मैं...

हर्फ़ दर हर्फ़
तराशती हुँ मैं
कोरे पन्ने पर,
कोई भूली कहानी
तलाशती हुँ मैं
यादों के डेरे पर...

पल कई पल
निहारती हुँ मैं
शबनम को पत्तों पर,
धूमिल पड़ी तस्वीर
उभारती हुँ मैं
नैनो के नक़्शे पर...

तिनका दर तिनका
सहेजती हुँ मैं
मन के छज्जे पर,
छोटा सा घरौंदा
संवारती हुँ मैं
उम्मीदों के ओटे पर...

कलियाँ और फूल
सजाती हुँ मैं

सपनों के बस्ते पर,
प्रेम की खुशबू
बिखराती हुँ मैं
दिल के रस्ते पर...

चांदनी की झालर
टांकती हुँ मैं
तारों के दुपट्टे पर,
हसीन लम्हों को
बुनती हुँ मैं
ताबीज़ के धागे पर...

# 5. खामोशी को सुन कर देख...

जहां की इस भीड़ में कभी
खुद को तन्हा रख कर देख,
ज़माने के इस शोर में भी
खामोशी को सुन कर देख...

खुशियों के दामन को कभी
आंसुओं में भिगो कर देख,
मुस्कानों के मेले में भी
दर्द को गले लगा कर देख...

अजनबियों के शहर में कभी
अपने साये से मिल कर देख,
अपनों की महफिल में भी
खुद से रूबरू हो कर देख...

प्यार के सागर के कभी
सारे किनारे तोड़ कर देख,
तूफानी मौसम में भी
पतंग सा उड़ कर देख...

जख्मी इरादों को कभी
मंजिल तक पहुंचा कर देख,

उम्र भर की जिंदगी को भी
चंद लम्हों में समेट कर देख...

# 6. खुशियों के सितारे...

खुशियों के हसीन सितारे
हैं पँखों के रथ पर सवार,
आसमां पर बादल घनेरे
मन नाच रहा मयूरी बनकर...

जी चाहता है सागर के
सारे मोती समेट लूँ,
मीन की चंचलता
सीपियों की सुंदरता बटोर लूँ,
लहरों की मौज - उमंगे
गहराईयों की हलचल बटोर लूँ;
फिर खो जाऊं कहीं मैं
इनको अपने आँचल में भरकर...
आसमां पर बादल घनेरे
मन नाच रहा मयूरी बनकर...

जी चाहता है दूर गगन की
किरणों को कैद कर लूँ,
सुनहरी रोशनी से
दिल के चराग रोशन कर लूँ,
सूरज की तपिश से
चाहत की कलियाँ खिला दूँ;
फिर इस जहाँ को महका दूँ मैं
हर कांटे को फूलों में ढालकर...

आसमां पर बादल घनेरे
मन नाच रहा मयूरी बनकर...

जी चाहता है ज़िन्दगी को
खुशगवार मौसम बना दूँ,
सावन की हो रिमझिम
इंद्रधनुष को राहों में बिछा दूँ,
ख्वाहिशों की धूप - छाँव तले
रेत पर मनचली हवा बिखेर दूँ ;
फिर आँखों में समेट लूँ मैं
हर ख्वाब को मंज़िल बनाकर...
आसमां पर बादल घनेरे
मन नाच रहा मयूरी बनकर...

# 7. ज़िन्दगी से ही पूछते हैं...

कुछ इस तरह भी
जी कर देखते हैं,
ज़िन्दगी क्या चाहती है
ज़िन्दगी से ही पूछते हैं...

ख्वाहिशों के बोझ को
कुछ कम करते हैं,
मन के दर्द को
थोड़ा राहत देते हैं...
ज़िन्दगी क्या चाहती है
ज़िन्दगी से ही पूछते हैं...

धड़कनों के सफर
के साथ चलते हैं,
टूटते बिखरते जुड़ते
दिल को ज़रा सेहलाते हैं...
ज़िन्दगी क्या चाहती है
ज़िन्दगी से ही पूछते हैं...

पानी सी सरल
जीवन धारा में बहते हैं,
खुली हवा में
खुल कर सांस लेते हैं...
ज़िन्दगी क्या चाहती है

ज़िन्दगी से ही पूछते हैं...

शोहरत की दौड़ में
इक पल को ठहरते हैं,
सुकून कहाँ खो गया
रुक कर ढूँढ़ते हैं...
ज़िन्दगी क्या चाहती है
ज़िन्दगी से ही पूछते हैं...

मैं कौन तू कौन को
फिलहाल छोड़ते हैं,
इंसान हैं हम सब
बस यही याद रखते हैं...
ज़िन्दगी क्या चाहती है
ज़िन्दगी से ही पूछते हैं...

# 8. तुझे ही सोचती हूँ ...

तू मेरा कौन है
कभी यही सोचती हूँ,
कई बार जाने क्यूँ
तुझे ही सोचती हूँ!

तेरे मन के शोर में
एक ख़ामोशी सुनती हूँ,
भीड़ में चाहे तू रहे
तेरी तन्हाई सोचती हूँ!

तू अजनबी ही सही
तुझमें अपना सा कुछ पाती हूँ,
शायद कभी मिले ना मिले
वो एक मुलाक़ात सोचती हूँ!

तेरी बेताबीयों के तल में
एक चिंगारी देखती हूँ,
ज़माने को जो जला दे
तेरी बातों की अगन सोचती हूँ!

दूरियों के बीच भी
एहसास कुछ है मानती हूँ,
मेरी शोहरत भी रहे तेरे हिस्से
तेरे लिए यही सोचती हूँ!

# 10. ऐ ज़िन्दगी तू बहुत खूबसूरत हैं...

हर मोड़ पर एक नई राह
और बेशुमार पहेलियों का सफर है,
कभी बीती यादों की चुभन
तो कभी नई हसरतों की फुहार है,
फिर भी ऐ ज़िन्दगी
तू बहुत खुबसूरत है,
हर लम्हा एक नया जज़्बा
एक नई शुरुआत है...

मन में उमड़ती उमंगों का तूफ़ान
और ख्वाबों का गहरा समंदर है,
कभी सब कुछ जीतने की ख़ुशी
तो कभी जीत में भी हार है,
फिर भी ऐ ज़िन्दगी
तू बहुत खूबसूरत है,
हर लम्हा नये हालात
एक नई सौगात है...

शीशे की तरह टूट कर बिखरना
फिर टूटे तारों को समेटे अम्बर है,
कभी रात का स्याही अंधेरा
तो कभी सुनहरी उम्मीदों की सहर है,
फिर भी ऐ ज़िन्दगी

तू बहुत खूबसूरत है,
हर लम्हा कोई नई मात
कहीं हसीन मुलाक़ात है...

# 11. अधूरी ही अच्छी लगती है...

कुछ कसमें कुछ बातें
अधूरी ही अच्छी लगती है,
मुकम्मल भी तब होती है
जब अधूरी ही रह जाती है...

रात आधी खिसकती है
तो सुबह का पैगाम लाती है,
दिन भी आधा गुज़रता है
तब कहीं शाम मुस्कुराती है...

मुलाकात अधूरी रह जाती है,
तो बेचैनी भी अच्छी लगती है,
कहानी कोई अधूरी रह जाए
तो सुनने की कशिश रहती है...

कशमकश भी वहीं खींचती है
जब ख्वाहिश अधूरी रह जाती है,
हर साँस बेशकीमती लगती है
जब इश्क ज़िन्दगी बन जाती है...

# 12. करीब रहना है तुम्हारे...

करीब रहना है तुम्हारे
कितना आसान ये कहना है,
ये तो मुद्दतों का सफर है
सम्भल कर तय करना है...

आसमां पर है जो सितारे
उन्हें मुट्ठी में भरना है,
कंकर कुछ तो चुभेंगे
ज़मी पर भी तो चलना है...

ख्वाहिशों के भौरों को
बागों में इठलाना है,
काँटों के पहरे होगें
गुल बन कर महकना है...

दिल की तरंगों को
तुझसे मुझ तक आना है,
दर्द हो अगर कोई तुझे
मेरे अश्कों से बहना है...

फासले वक्त के भले हो
ख्वाबों में तो मिलना है,
साँस भले छूटने लगे
रूह में तो धड़कना है...

# 13. गुज़रता वक़्त...

गुज़रता वक्त अपनी निशानियाँ
छोड़ने लगा है हुस्न पर ,
अल्फाज़ नये मायने में
ढलने लगे है नज़्म बनकर...

जो शोर जो मस्तियाँ
झूमती थी चहक बनकर,
वो ख़ामोशियों के लिबास में
लिपट गई हैं लिहाज़ बनकर...

बढ़ जाते थे जो कदम
बेफिक्र अंदाज़ बन कर,
अब संभलकर चलने लगे हैं
फ़िक्रे-ए-मिजाज़ बनकर...

वो शोखियां जो इतराती थी
किसी को दीवाना बनाकर,
वो ही अब शर्माती है
तहज़ीब की शमा बनकर...

जुस्तजुँ कई इठलाती थी
दीवानगी और जुनून बनकर,
आज शख्सियत महकती है
इत्र-ए-सुकून बनकर...

कच्ची धूप नरम छाँव के रंग
छप गये तस्वीर बनकर,
ज़िन्दगी फिर भी मुस्कुराती हैं
आजमाइशों की तकदीर बनकर...

# 14. मैं, तुम और हमारी कविता...

फुर्सत की चुस्कीयाँ
कुछ गुफ्तगू, कुछ मस्तियाँ,
चलो बैठे आज चाय पर,
मैं, तुम और
हमारी कविता...

तुम कुछ लिखो
तो मैं सुनूँ,
तुम कुछ सोचो
तो मैं लिखूँ,
ख्यालों की अठखेलियाँ
अल्फ़ाज़ो की बेबाकियाँ,
चलो बैठे आज चाय पर,
मैं, तुम और
हमारी कविता...

तुम्हारी चुप को
मैं आवाज़ दूँ,
भीतर मेरे शोर को
तुम आकार दो,
जज़्बातों की पहेलियाँ
कुछ सही कुछ गलतियां,
चलो बैठे आज चाय पर,
मैं, तुम और

हमारी कविता...

तुम्हारी नज़र को
मैं यूँही निहारुँ,
कुछ तुम कहो
और मैं मुस्कुरा लूँ,
एहसासों की रुबाईयाँ
मुलायम शाम ठंडी पुरवाईयाँ,
चलो बैठे आज चाय पर,
मैं, तुम और
हमारी कविता...

# 15. जीवन का चूल्हा...

वृद्ध शरीर
कंपकंपाती चाल,
झुर्रीदार ऊंगलियाँ
टटोलती हैं
पेड़ों की छाल...

झुकी हुई कमर से
कभी उचक कर
खींचे पेड़ो की टहनियाँ,
कभी झुक झुक कर
बीने सुखी डालियाँ...

ढलता हुआ जीवन
धूप की आग में जले
बस इसलिए कि
घर में एक बार तो
चूल्हा जले,
इस आग की तपिश में
एक बार ही सही
पेट की आग तो बुझे...

खून पसीने को
यूं ही जलाते,
जीवन और मौत के संघर्ष में

यूं ही जूझते
जीवन मुर्झा गया है,
सूखी लकड़ियों को
यूं ही बटोरते,
चिता की आग के
हवाले होने
मिट्टी का शरीर
अब तैयार हो चला है...

# 16. तुझको भाए...

वो सीप किस समंदर से लाऊँ
जिसका मोती तुझको भाए,
वो ज़मीं ऐसी नज़राना करुँ
जिसका आँगन तुझे लुभाए...

तेरे हर अंदाज़ का स्पर्श करुँ
हवा का रुख ऐसा हो जाए,
तेरी मसरुफियत में दखल दूँ
मेरी याद हो और तू मुस्कुराए...

कुछ शोखियों का मय पेश करुँ
जो तेरी ज़िद्द को बहकाए,
खुशबू अपनी चाहतों की भेजूं
जो तेरे जज़्बातों को महकाए...

अपने नाम का इक बादल भेजूं
जो तेरे मन में छा जाए,
अपने हिस्से की बारिश बरसाऊं
जो तेरी साँसों को भिगोए...

# 17. चल अब जाने भी दे...

चल अब जाने भी दे
किस्मत को और ना परख,
सब कुछ भुला भी दे
कुछ एहसासों को ज़िंदा रख...!

छिपा ले सारे ख्वाब अपने
बंद कर के अपनी पलक,
ख़ुशी के आंसूँ ही तैरे
पिघल जाये ग़म जो है अब तक...!

अपनी हार जीत पर मुस्कुरा ले
बातों को यूँ दिल में ना रख,
हर आज़माइश को लगा गले
अपने हौसले बस बुलंद रख...!

खोल दे शिकवों की गांठे
मन में बाँध कर ना रख,
ख्यालों को अपने बह जाने दे
किनारो तक ही मत रख...!

# 18. शख्सियत में तेरी...

शख्सियत में तेरी
एक तस्वीर देखी,
तेरे गुमान तेरी ज़िद्द
की एक ताबीर देखी...

ख्यालों के अम्बर तले
मक्सदों की जागीर देखी,
दूर तलक जाना है
कँहीं दूर निकल जाना है,
जज़्बातों में तेरे
वो तासीर देखी...

बुलंद जूनूनी इरादों
से लबालब
अलग सी एक अमीरी देखी,
दिल और दिमाग
के बीच गहरी खाई
में एक अक़्स
की फकीरी देखी...

तूफ़ानों से होकर
ही मिलेगी मंज़िल
हाथों में तेरे
ऐसी एक लकीर देखी,

मौज में फिर भी
बढ़ते जा तू
ओ राही,
सफर ही
मंज़िल तेरी
रब ने ऐसी
तेरी तक़दीर लिखी...

तेरे गुमान तेरी ज़िद
की एक तस्वीर देखी,
शख्सियत में तेरी
ऐसी एक तस्वीर देखी...

# 19. ज़िन्दगी तेरे नाम होगी...

सुबह जो हुई है
तो शाम भी होगी,
तुझे जो चाहा है
तो तेरी याद भी होगी,
कल हो ना हो
ज़िन्दगी तेरे ही नाम होगी...

फूलों की महफ़िल रहे
खुशबू तेरी होगी,
दूर रहे नज़रों से
नज़दीकी दिल में होगी,
धूप हो या छाँव हो
तेरी आरज़ू ही धाम होगी...
कल हो ना हो
ज़िन्दगी तेरे ही नाम होगी...

अरमानों के आसमाँ से
सितारों की बारिश होगी,
तू जो मुस्कुरा दे
तो मेरी ईद होगी,
जुस्तजु ऐसी हो
तेरी ख्वाहिश ही मक़ाम होगी...
कल हो ना हो
ज़िन्दगी तेरे ही नाम होगी...

# 20. यादों के पांव...

यादों के पांव नहीं होते...
यादें रुकी होती हैं,
कहीं ठहरी होती है,
कुछ लम्हों को समेटे
उसी मोड़ पर
करती है इन्तज़ार
जहाँ से कभी हम गुज़रे थे....
जीकर जी भर
बढ़ गए आगे कदम,
छूट गए पीछे
जीवन के वे पल,
रेत की तरह फिसलकर
जो छिटक कर
कहीं बिखर गए...

उलझनों मे उलझते
खुशियों को ढूंढते
शुरु होता है
एक अंजाना सफर,
पहलियों को सुलझाते
ज़िन्दगी को पहचानते
खुद की पहचान हारकर
पलों की कड़ियों से बंधकर
कँही दूर निकल आते है...

एक पल

एक पल फिर ऐसा आता है
दिलाता है एहसास
तन्हाईयां ही अब
बस है पास...
गुज़रे वक्त की पर्तें
खुलने लगती है
जागती है एक आस...

उमंगे जीने की
रौशन होती हैं
फिर एक बार,
नज़रों में नये नज़ारे
सांसों में नई खुशबू
आती है नई बहार...

देती हैं सहारा
यही यादें,
कुछ हसीन
कुछ रूठे
ज़िन्दगी के वादे...
हाँ ये सच है
यादों के पांव नहीं होते
यादें तो उड़ती हैं
संग संग हमारे

यादों के पंख होते हैं
हाँ, यादों के पांव नहीं होते...

# 21. तेरे आने से...

तेरे आने की
खबर से
मेरे वक़्त को
राह मिली,
तेरे सच में
आ जाने से
मेरी खुशी को
चाह मिली...!

तेरी बातों से
घर के
हर कोने को
साँस मिली,
तेरी आवाज़ से
ज़िन्दगी के
संगीत को
सरगम मिली...!

तेरे इतने
मान देने से
हमारे सम्मान को
उड़ान मिली,
तेरे शामिल
होने भर से

मेरे ख़ास दिन को
जान मिली...!

तेरी शख्सियत
की खुशबू से
घर की छत को
महक मिली,
तेरे स्पर्श से
मन के सूने
आँगन को
चहक मिली...!

और अब जब तू
विदा हुआ तो
तेरे आंसुओं में
मेरी झलक मिली,
बेचैनियों को
'अमन' मिला
और धड़कनो को
जीने की ललक मिली...!!

# 22. मेरी कविता...

मन के आंगन में
जब पहली बार,
अरमानों के
अंकुर फुटे थे,
तो नीले आसमाँ
पर मैंने
सुनहरी किरणों का
बसेरा देखा था...

देखा था सावनी फुहारों
के स्पर्श से काँपती
हल्की धूप को,
जो इन्द्रधनुषी रंगो सी
शर्म की लाली
में भीगी थी...

चाहा था कि निहारती रहूँ
हरी मखमली घास पर
चमकते उन ओस
के सितारों को,
बस यहीं वक्त थम जाये
और मैं बन जाऊँ
एक मोती,
जो सीपों की कोख से

समंदर के आँचल
तले रम जाये...

फिर जब घटायें बरसे
तो रेत के
घरौंदों मे दबी
मेरी शख्सियत
बह कर ज़माने
के आगे चमके...

देखा था जब रात को
सितारों से कढ़ी
ओढ़नी ओढ़े
और चांदनी को
गले लगाते,
तो पाया था आँखों में
लाल रेशमी डोरे...

जब ख़यालों की तपिश ने
ख्वाबों की कलियों
के घूंघट खोले,
तो देखा था मैंने
एक मुस्कुराता चेहरा,
जो मेरी ज़िन्दगी
का गुल बन गया...

इन्ही हसरतों के तिनकों को

समेट कर
मैंने इक आशियाँ
बनाया है,
और प्यार की भावनाओं से
इसका नाम लिखा है
" मेरी कविता "... !

# 23. यूँ ही आघात होता है...

जब विश्वास के साथ
कभी विश्वासघात होता है,
दिल बेइंतहा करहारता है
और प्रेम का अस्तित्व
यूँ ही आघात होता है...!

घायल मन की पीड़ा को
किसे खबर कैसे दबाया जाता है,
आंसू तो यूँ ही छलक उठते हैं
तूफानों का प्रहार कैसे सहते हैं,
ये भला कौन जान पाता है...!

अपने चमन में फूल खिलते रहे
हो जाए कोई गुलशन खाक होता है,
किसे है फुर्सत के रुक कर देखें
ठिठक कर, मुड़ कर, एक बार ही सोचे,
कि क्यों जंगलों से धुआं उठता है...!

चहकते हुए मैंनो का जोड़ा सवेरे
आसमां पर विजयी हो जाता है,
शाम को एकाकी लौटते हुए
न जाने बेजुबान क्या कहता है,
जाने क्यों आसमां लाल हो उठता है...!

सागर तो ठहरा एक दीवाना
यूँ ही मचल उठता है,
कश्ती गर डगमगा जाए तो
किसे खबर सागर लहर बन कर,
क्यों किनारों से टकराता है...!

# 24. लम्हा लम्हा...

हर लम्हा है
एक नई कहानी,
हर लम्हा है
एक नई रवानी ;
मुस्कानों की
थोड़ी तपिश है,
और अश्कों का है
दो बूंद पानी ;
इसी का ही तो
नाम हैं ज़िन्दगी,
इक पल मे ही
जी लो उम्र को सारी...

गुज़र गया जो कल
बात हुई है पुरानी;
मुड़कर न देख पीछे
आगे बढ़ तू ओ राही;
आने वाला पल
फिर न आएगा कभी,
सपनों के झरोखे से
देख लो इस पल को अभी...

बचपन की महक हो
फूल सी हो जवानी,

नाखुदा बने मन
गर रात हो तूफानी;
हताश होकर क्यों
है हार माननी,
आशाओं की इस पल
जला लो ज्योति...

आँखों मे हो नमी
होंठों पर हो हँसी,
जाने वाला लम्हा
है यादों की निशानी,
आने वाला लम्हा,
है एक नई ज़िन्दगानी...

# 25. नाखुदा सा लगता है...

एक शख्स से हुई मुलाक़ात
जो खुदा सा लगता है,
सोया हुआ नसीब मेरा
अब जगा सा लगता है...

हयात-ए-साथ हो ना हो,
पल दो पल का साथ भी
अब ज़िन्दगी भर सा लगता है...

शाम-ऐ-ग़म ढले ना ढले,
हमें तो स्याह अंधेरा भी
अब सेहर सा लगता है...

सेहरा है चार-सू तो क्या,
निगाहों को तो हर नज़ारा ही
अब बहार-ऐ-अदा सा लगता है...

ज़ुल्म से क्या जलाएगा ज़माना,
हमें तो दहकता शोला भी
अब चिंगारी सा लगता है...

तूफानों से क्यूँ कर लगेगा डर,
महज ख्याल उनका ही
अब नाखुदा सा लगता है...

# 26. उनका ख्याल आया है...

हवा का रुख कैसे बदल गया है,
शाम हुई है या
उनका ख्याल आया है...

कोई बादल कैसे चाँद पर छाया है,
रात हुई है या
उनका मलाल छाया है...

बेचैनी में हमने कैसे चैन पाया है,
ईद हुई है या
उन्होंने कमाल ढाया है...

नींद ना जाने कैसे गुम हो गई है,
आँखें खुली हैं या
उनके ख्वाब ने जगाया है...

नदी के आईने में कौन नज़र आया है,
हमारी परछाई है या
उनके अक़्स का साया है...

ठहरे सागर में कैसी हलचल हुई है,
फ़ज़ा खुद महकी है या
तूफ़ान ने बहकाया है...

ज़िन्दगी में तुझे 'अज़ीन' कोई अपना मिला है,
किस्मत जागी है या
उनका साथ रंग लाया है...

# 27. जीवन की निशानी...

शाम ढलने वाली है
आसमाँ पर लाली है,
कोई कहे ये
दर्द की कहानी है,
मैं कहती हूँ ये
खुशी की रवानी हैं...

रात होने वाली है
शमा जलने वाली है,
कोई कहे ये
परवाने की कुर्बानी है,
मैं कहती हूँ ये
वफा की कहानी है...

कली खिलने वाली है
कुछ मुरझाने वाली है,
कोई कहे ये
शबनम की मेहरबानी है,
मैं कहती हूँ ये
जीवन की निशानी है...

# 28. मैं जीवन हूँ...

मैं जीवन हूँ
कभी प्यार का
गुलशन हूँ,
कभी आंधी
कभी तूफान हूँ;
मैं जीवन हूँ,
मैं ही जीवन हूँ...

रौशनी की किरण
तो सूरज की तपन हूँ,
रात का श्रृंगार और
अंधेरे का गुमान हूँ;
मैं जीवन हूँ,
मैं ही जीवन हूँ...

किसी के लबों पर
थिरकती मुस्कान हूँ,
किसी की आँखों में
सिसकती दास्तान हूँ;
मैं जीवन हूँ,
मैं ही जीवन हूँ...

हर खिलती कली
का अरमान हूँ,

हर तन्हा कांटें की
की मैं ही चुभन हूँ;
मैं जीवन हूँ,
मैं ही जीवन हूँ...

किसी के बचपन
का सवेरा हूँ,
किसी की
ढलती शाम हूँ;
मैं जीवन हूँ,
मैं ही जीवन हूँ...

समय धारा का
मैं ही कण हूँ,
लम्हा लम्हा खेले
वो मैदान हूँ;
मैं जीवन हूँ,
मैं ही जीवन हूँ...

शुन्य से इन्सान तक
रब की शान हूँ,
पलछिन सांसों का
बस इक दान हूँ;
मैं जीवन हूँ,
मैं ही जीवन हूँ...

हर धड़कते दिल

की धड़कन हूँ,
सांसों के सफर का
मैं ही आगाज़
और मैं ही अंजाम हूँ;
मैं जीवन हूँ,
मैं ही जीवन हूँ...

# 29. कभी कभी यूं भी होता है...

माँझी के मिल जाने से ही
कश्ती को किनारा नहीं मिल जाता,
साथी के मिल जाने से ही
जिंदगी को सहारा नहीं मिल जाता;
कभी कभी यूं भी होता है
लब तक आते आते हाथों से साग़र छूट जाता है...

ख़्वाब भर देख लेने से ही
दिल का अरमां पूरा नहीं हो जाता,
सावनी बूंदों का एहसास करके ही
ये ज़मीन आसमां नहीं हो जाता;
कभी कभी यूं भी होता है
हमराही मंजिल से पहले ही दूर हो जाता है...

चहक कर मुस्कुराने से ही
मन आजाद पंछी नहीं बन जाता,
वफ़ा देने बांटने से ही
हमेशा प्यार नहीं मिल जाता;
कभी कभी यूं भी होता है
बहुत कुछ पा कर भी कुछ खो जाता है...

माली के चले जाने से ही
खुशबुओं का चमन नहीं लुट जाता,
मीनारों के हिल जाने से ही

रिश्तों का घरौंदा नहीं ढह जाता;
कभी कभी यूं भी होता है
पत्थर से टकराए बिना ही शीशा टूट जाता है...

जंजीरों में क़ैद कर लेने से ही
हवाओं का रुख़ नहीं बदल जाता,
सिर्फ बिजली के कौंध जाने से ही
अरमानों का आशियाँ नहीं उजड़ जाता;
कभी कभी यूं भी होता है
कोई दूर होते हुए भी दिल के करीब रह जाता है...